BEI GRIN MACHT SICH IHR WISSEN BEZAHLT

AF153534

- Wir veröffentlichen Ihre Hausarbeit, Bachelor- und Masterarbeit

- Ihr eigenes eBook und Buch - weltweit in allen wichtigen Shops

- Verdienen Sie an jedem Verkauf

Jetzt bei www.GRIN.com hochladen und kostenlos publizieren

GRIN

Exemplarischer Anwendungsfall von Data Mining-Verfahren für eine fiktive Organisation

Jonas Klumski

Bibliografische Information der Deutschen Nationalbibliothek:

Die Deutsche Nationalbibliothek verzeichnet diese Publikation in der Deutschen Nationalbibliografie; detaillierte bibliografische Daten sind im Internet über http://dnb.d-nb.de abrufbar.

ISBN: 9783346598615
Dieses Buch ist auch als E-Book erhältlich.

© GRIN Publishing GmbH
Nymphenburger Straße 86
80636 München

Druck und Bindung: Books on Demand GmbH, Norderstedt Germany
Gedruckt auf säurefreiem Papier aus verantwortungsvollen Quellen

Das vorliegende Werk wurde sorgfältig erarbeitet. Dennoch übernehmen Autoren und Verlag für die Richtigkeit von Angaben, Hinweisen, Links und Ratschlägen sowie eventuelle Druckfehler keine Haftung.

Das Buch bei GRIN: https://www.grin.com/document/1176740

Hausarbeit

Exemplarischer Anwendungsfall von Data Mining-Verfahren für eine fiktive Organisation

abgegeben am 08. Dezember 2021 über die Online-Abgabe
SRH Fernhochschule

Modul: Business Intelligence & Analytics
Studiengang: (M.Sc.) Digital Management & Transformation

von
Jonas Klumski
Studiengang: (M.Sc.) Digital Management & Transformation

Inhaltsverzeichnis

Abbildungsverzeichnis

1 Einleitung

Zur Einleitung dieser Ausarbeitung sollen im Folgenden zunächst Problemstellung, Zielsetzung und Aufbau der Arbeit dargelegt werden.

1.1 Problemstellung

„We are drowning in information, but starving for knowledge", beschreibt Zukunftsforscher John Naisbitt das exorbitante Wachstum an Datenmengen und fängt damit die Kernproblematik ein, der sich Unternehmen inmitten der Digitalisierung unweigerlich stellen müssen (Naisbitt, 1986). In Zeiten der Industrie 4.0 sorgen schier unendlich wirkende Datenmengen, auch als *Big Data* bezeichnet, dafür, dass Unternehmen vor der Herausforderung stehen, datengetriebenen Wertschöpfungsprozesse integrieren zu müssen, beziehungsweise diese Datenmengen zielgerichtet zu nutzen und zu verarbeiten (Gölzer, 2016, S. 8 ff.). Die Anzahl und Größe der weltweit vorhandenen Datensammlungen und Datenbanken nimmt dabei stetig zu (Frawley, Piatetsky-Shapiro & Matheus, 1991, S. 10 ff.). Prognosen zeigen sogar, dass das Volumen der jährlich generierten digitalen Datenmenge weltweit im Jahr 2025 bei etwa 175 Zettabyte liegen wird (International Data Corporation, 2018). Ein Zettbayte sind dabei 1.000.000.000.000.000 Megabyte, womit sich zum Beispiel 660 Milliarden Standard-Blu-rays oder 33 Millionen menschliche Gehirne füllen ließen, was die astronomische Dimension dieser Zahlen annähernd erahnen lässt (Statista Digital Economy Compass 2019, 2019). An Daten und Informationen zu gelangen, scheint daher nicht problematisch zu sein, während jedoch die effiziente und zielgerichtete Auswertung dieser Datenmengen für viele Unternehmen eine große Herausforderung darstellt.

1.2 Zielsetzung

An dieser Kernherausforderung setzt *Data Mining* als leistungsstarkes Analysewerkzeug an, dessen Einsatz in den letzten Jahren erheblich zugenommen hat (Oliff & Liu, 2017, S. 167). Um die Problemstellung, dass viele Unternehmen keinen Überblick über die effiziente Auswertung ihrer Daten besitzen, zielführend angehen zu können, soll in dieser Ausarbeitung ein Grundverständnis für Data Mining dargelegt werden. Das Skizzieren eines daran anschließenden praktischen Anwendungsfalls soll das Potenzial von Data Mining zusätzlich verdeutlichen, da hier die Nutzung von Data Mining-Verfahren exemplarisch dargestellt wird. Im Fokus soll dabei ein Krankenhaus als Organisation stehen, welches Data Mining einführt, um in unterschiedlichen Teildisziplinen zu effizienteren Prozessen und zu neuen Erkenntnissen zu gelangen. Dieser praktische

Anwendungsfall dient dabei als exemplarisches Vorgehen und kann sowohl als Anreiz und Orientierung dienen Data Mining in die Unternehmensprozesse zu integrieren. Es sei dabei jedoch angemerkt, dass der gesamte Gestaltungsraum des Data Minings aufgrund der unzähligen Anwendungsmöglichkeiten kaum in einer solchen Ausarbeitung gänzlich abgedeckt werden kann, weshalb dieses Fallbeispiel viel mehr als Einblick in das Potenzial des Data Mining dienen soll.

1.3 Aufbau der Arbeit

Nachdem Problemstellung und Zielsetzung dieser Ausarbeitung bereits erläutert wurden, soll Data Mining als Analysewerkzeug in Kapitel 2 zunächst in den Kontext der Industrie 4.0 eingeordnet werden, während ebenso eine Abgrenzung zu ähnlichen Begrifflichkeiten wie Big Data und Business Intelligence vorgenommen wird. Daraufhin soll das allgemeine Konzept, Voraussetzungen, Aufgaben, Algorithmen, der Prozess und Anwendungsbeispiele des Data Minings dargelegt werden, ehe in Kapitel 3 schließlich das konkrete, jedoch fiktive Fallbeispiel erläutert wird, um ein anschauliches Verständnis für die Anwendung von Data Mining zu erhalten. Potenziale und Herausforderungen, abgeleitet aus dem Fallbeispiel, schließen diese Ausarbeitung letztlich mit einem anschließenden Fazit ab.

2 Data Mining

„Data Mining ist das semi-automatische Aufdecken von Mustern mittels Datenanalyse-Verfahren in meist sehr großen und hochdimensionalen Datenbeständen" (Müller & Lenz, 2013, S. 75). Data Mining lässt sich dabei mit dem Begriff der Datenmustererkennung übersetzen, da es die Prämisse pflegt, Muster und Auffälligkeiten in großen Datenmengen zu erkennen (Weber, 2014, S. 25). Um jedoch ein ganzheitliches Verständnis für Data Mining zu erlangen, braucht es zunächst eine kontextuelle Einbettung, beziehungsweise die Einordnung und Bedeutung von Data Mining, ehe näher auf das Konzept, seine Eigenschaften, Aufgaben, typische Verfahren, den Projektablauf und Anwendungsbeispiele eingegangen werden kann.

2.1 Einordung

Um die Bedeutung und Anwendung von Data Mining ganzheitlich verständlich darstellen zu können, braucht es zunächst einen Blick auf die Industrie 4.0, in welche das Data Mining als ein Teilaspekt einzuordnen ist (Godina, Ribeiro, Matos, Ferreira, Carvalho & Pecas, 2020, S. 1 ff.). Auch die Begriffsabgrenzungen zu Big Data und Business Intelligence sind von großer Bedeutung für die Einordnung, um zu verstehen, wie ähnliche Technologien und Megatrends ineinandergreifen, beziehungsweise aufeinander abgestimmt sind, um so in gemeinsamer Anwendung zum bestmöglichen Ergebnis zu führen.

2.1.1 Industrie 4.0

Die ökonomische Wirtschaft befindet sich nun mehr nach den revolutionären Epochen der Mechanisierung, Elektrifizierung und Informatisierung der Industrie in der vierten industriellen Revolution, die auch vereinfacht als die umfassende Digitalisierung der Industrie, beziehungsweise Industrie 4.0 bezeichnet werden kann (Hellinger, Stumpf & Kobsda, 2013, S. 5). Die Entwicklung cyber-physischer Systeme ermöglicht diese neue Epoche überhaupt erst, da sie dazu beitragen, dass sich Maschinen, Anlagen, Systeme und Betriebe weltweit immer stärker vernetzen, was auch zum Wachstum der *Industrial Internet of Things* beiträgt (Maschler, White & Weyrich, 2020, S. 2). Mit Industrie 4.0 ist dabei die „intelligente Vernetzung von Maschinen und Abläufen in der Industrie mit Hilfe von Informations- und Kommunikationstechnologie" (Bundesministerium für Wirtschaft und Energie, 2019) gemeint, was wiederum die Grundlage für neue Wertschöpfungsformen und innovative Geschäftsmodelle geschaffen hat (Hellinger et. al, 2013, S. 5).

Der Einsatz moderner Technologien wie Machine Learning, Blockchain Technologien, Additive Manufacturing oder Augemented Reality lassen sich der Industrie 4.0 ebenso zuordnen wie die enormen Datenmengen (Big Data), die wiederum durch Data Mining ausgewertet werden (Maschler et al., 2020, S. 5; Bundesministerium für Wirtschaft und Energie, 2019; Meinhardt & Popp, 2018, S. 229; Vgl. Abbildung 1). Erkennbar wird an dieser Stelle, dass die Industrie 4.0 eine Revolution der Geschäftsprozesse und -modelle ermöglicht und die Zusammenarbeit von Menschen und Technik grundlegend verändert (Ematinger, 2018, S. 9).

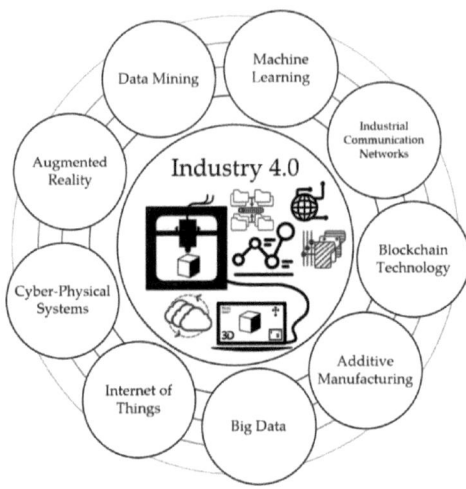

Abbildung 1: Teilaspekte der Industrie 4.0 (Godina et. al, 2020, S. 3)

2.1.2 Abgrenzung zu Big Data

Der bereits erwähnte Begriff Big Data beschreibt grundsätzlich Technologien, die versprechen, einen grundlegenden Ansatz der Forschung in Informationssystemen zu erfüllen, nämlich die Bereitstellung der richtigen Informationen für den richtigen Empfänger in richtigen Mengen und Qualität zur wiederum richtigen Zeit (Schermann, Hemsen, Buchmüller, Bitter, Krcmar, Markl & Hoeren, 2014, S. 261). Grob beschrieben fasst die Begrifflichkeit *Big Data* die rasante Entwicklung der Technologie im Bereich der Speicherung und Verarbeitung von Daten zusammen (Schermann et. al, 2014, S. 261). Mit dem Beginn der Industrie 4.0 hat sich Big Data zu einem der meistdiskutierten Themen in Forschung und Praxis entwickelt und sorgt dabei in unterschiedlichsten Disziplinen für virulente Diskussionen, wie etwa im Finanzwesen, Marketing oder der Gesundheitsbranche (Buhl, Moser, Heidemann & Röglinger, 2013, S. 67). Grundsätzlich ist Big Data dabei ein Thema für alle Unternehmen, die mit enormen Datenmengen und neuen Technologien zur Speicherung, Verarbeitung und Analyse dieser Daten konfrontiert sind (Buhl et. al, 2013, S. 67).

Facetten von Big Data sind insbesondere die exorbitante Datenmenge, auch als *Volume* bezeichnet, die dazu führt, dass Unternehmen gar in der Größenordnung Petabytes ihre Daten listen (Weber, 2014, S. 12). Daneben ist es die Datenvielfalt (*Variety*), bei der

Daten aus diversen Quellen und unterschiedlichster Art, wie etwa unstrukturierten, semistrukturierten und strukturierten Gruppierung entstammen (Weber, 2014, S. 12). Diese überhandgewinnenden Datenmengen gilt es dabei stetig schneller auszuwerten, teilweise gar in Echtzeit, damit die Geschwindigkeit der Verarbeitung mit dem Wachstum standhalten kann (Weber, 2014, S. 12). Als abschließende und an den vorherigen Punkten anknüpfende Facette stehen die Analytics, welche Methoden zur automatisierten Auswertung und Erkennung von Mustern oder Zusammenhängen beinhaltet, zu denen auch das Data Mining gehört (Weber, 2014, S. 12). Die Begrifflichkeit des Big Data kommt der des Data Mining daher recht nahe und wird oftmals synonym verwendet, doch gibt es zentrale Unterschiede, die per Definition zu trennen sind. Big Data ist zunächst eine Begrifflichkeit, die sich auf eine große Datenmenge bezieht, während Data Mining ein tiefes Eintauchen in diese Daten bedeutet, um diese zu extrahieren (Schermann et. al, 2014, S. 261 ff.). Big Data ist zudem ein Konzept und weniger ein präziser Begriff, während Data Mining eine Technik zur Datenanalyse darstellt (Krishna, 2015, S. 93 ff.). Während Big Data große Datenmengen speichert, um diese für spätere Business Anwendungen aufzubereiten, transformiert Data Mining die Informationen in konkretes Wissen, aus dem Handlungsempfehlungen abgeleitet werden können (Krishna, 2015, S. 93 ff.).

Grob zusammengefasst bezeichnet Data Mining Techniken und Verfahren zum Erkennen von Mustern in großen Datenmengen, die auf vorher definierte Art und Weise interessant und nützlich sind für die Aufgabenstellung (Petrak, 2015, S. 5 ff.). Auch wird der Begriff des Data Mining für Anwendungen dieser Techniken, ebenso wie für die generelle Forschung verwendet, die sich mit dem Entwickeln der Verfahren beschäftigt (Petrak, 2015, S. 5 ff.). Eine allgemeingültige und explizite Definition liegt dabei im wissenschaftlichen Kontext nicht vor, weshalb sich Definitionen in der Literatur teilweise unterscheiden (Petrak, 2015, S. 5 ff.).

2.1.3 Vernetzung mit Business Intelligence

Neben der Notwendigkeit, diese bereits angesprochenen riesigen Datenmenge zu speichern, müssen Unternehmen auch in der Lage sein, sie sinnvoll zu nutzen, womit die Business Intelligence ins Spiel kommt (Baars & Kemper, 2021, S. 1 ff.). Business Intelligence (nachfolgend BI) ist eine Sammlung von Anwendungen und Techniken, mit denen Daten in verwertbare Informationen umgewandelt werden können. BI umfasst dabei Datenanalysen auf Unternehmensebene, die Bereiche für betriebliche Verbesserungen und externe Erweiterungen aufzeigen. Darüber hinaus kann Business Intelligence auch die Visualisierung von Daten beinhalten, was strategische

Geschäftsentscheidungen weiter erleichtert (Baars & Kemper, 2021, S. 1 ff.). Neben der internen Datenanalyse können Unternehmen BI auch in Datenbanken von Drittanbietern einsetzen, um Erkenntnisse über Konkurrenten oder potenzielle Geschäftspartner zu gewinnen. Der Zweck von Business Intelligence besteht darin, Daten in nützliche Informationen umzuwandeln, damit im Unternehmen datengestützt strategische und operative Entscheidungen getroffen werden können, um Kosteneinsparungen zu erzielen oder Kunden besser bedienen zu können (Baars & Kemper, 2021, S. 1 ff.).

Obwohl BI und Data Mining per Definition recht unterschiedlich sind, funktionieren die beiden Prozesse am besten, wenn sie gemeinsam eingesetzt werden. So kann Data Mining als Vorläufer von BI betrachtet werden. Bei der Erfassung sind die Daten oft roh und unstrukturiert, was es schwierig macht, Schlussfolgerungen zu ziehen. Data Mining entschlüsselt diese komplexen Datensätze und liefert dem Business Intelligence-Team eine bereinigte Version, aus der es Erkenntnisse ableiten kann (Baars & Kemper, 2021, S. 127 ff.). Darüber hinaus kann Data Mining auch kleinere Datensätze untersuchen, womit Unternehmen auf diese Weise die Ursache eines bestimmten Trends ermitteln kann, um ihn dann mithilfe von Business Intelligence Methoden zu nutzen. So nutzen Analysten Data Mining, um spezifische Informationen in dem von ihnen benötigten Format zu sammeln und setzen dann Business Intelligence-Tools ein, um zu ermitteln und darzustellen, warum die Informationen wichtig sind (Baars & Kemper, 2021, S. 127 ff.). Zusammengefasst nutzen Unternehmen Data Mining, um ein Verständnis für das *Was* zu erlangen, während mit Business Intelligence darauf aufbauend das *Wie* und *Warum* beantwortet werden soll. Unternehmen, die sowohl in BI- als auch in Data-Mining-Tools investieren, können anspruchsvolle Analysen schnell durchführen, testen und interpretieren. Folglich führen Data Mining und Business Intelligence zu schlankeren Prozessen und höheren finanziellen Erträgen (Baars & Kemper, 2021, S. 127 ff.).

2.2 Konzept des Data Minings

Nachdem nun die Einordnung in einen Kontext dargelegt wurde, kann ein näherer Blick auf das konkrete Konzept des Data Minings geworfen werden, was Voraussetzungen, Aufgaben, Algorithmen, den Ablauf und Anwendungsbeispiele umfasst.

2.2.1 Eigenschaften

Wie bereits beschrieben, liegt für das Data Mining keine einheitliche Definition vor, doch lassen sich Eigenschaften und Voraussetzungen benennen, die von den Mustern abverlangt werden, welche die Methoden des Data Minings aufzudecken versuchen. Muster sind dabei beispielsweise regelhafte Beziehungen zwischen Eigenschaften von

Objekten, Beziehungen zwischen Objekten, zeitliche Verläufe, räumliche Muster, Gruppierungen ähnlicher Objekte, Abweichungen von statistischen Verteilungen oder auch Ausnahmen und auffällige Objekte (Petrak, 2015, S. 9).

- Verständlichkeit: Das Wissen, das durch dieses Muster generiert wird, muss in leicht verständlicher Sprache oder graphischer Form und zudem in einem angemessenen Umfang dargelegt werden, um vom Anwender erfasst werden zu können (Petrak, 2015, S. 9; Runkler, 2010, S. 2 ff.).

- Gültigkeit: Es muss gewährleistet sein, dass die neuen Erkenntnisse nicht ausschließlich auf die aktuell vorliegenden Daten, sondern auch auf zukünftige Ereignisse, beziehungsweise zukünftige Daten zutreffen wird. Um dies mit einer gewissen Sicherheit abschätzen zu können kann die Certainty Measure Function angewandt werden (Petrak, 2015, S. 9; Runkler, 2010, S. 2 ff.).

- Neuheit: Das gefundene Wissen sollte für die Anwender in einer gewissen Weise neu sein und somit Erkenntnisse liefern, die vorher so nicht vorhanden waren (Petrak, 2015, S. 9).

- Nützlichkeit: Damit das neugefundene Wissen auch einen Mehrwert bietet, soll es selbstverständlich auch die Prämisse erfüllen, nützlich zu sein und eine konkrete, sowie relevante Aufgabenstellung erfüllen (Petrak, 2015, S. 9; Runkler, 2010, S. 2 ff.).

- Nicht-Trivialität: „Bei der Suche nach Wissen im Sinne des Data Mining wird vom Algorithmus verlangt, autonom komplexe Zusammenhänge zu untersuchen und nur interessante als Wissen zu präsentieren" (Petrak, 2015, S. 9). Das bedeutet, dass das Data Mining System beispielsweise auch eigenständig in einer Datenbank Auffälligkeiten entdecken sollte.

2.2.2 Aufgaben des Data Minings

Nachdem nun Voraussetzungen für das Data Mining beleuchtet wurden, braucht es auch ein Verständnis für die Methoden und Aufgaben, die Anwendung finden. Sämtliche Methoden des Data Minings lassen sich aufteilen in die grundlegenden Aufgaben des Data Minings, welche aus der Klassifikation, Prognose, Clustering und Assoziations- bzw. Sequenzanalysen bestehen (Beekmann & Chamoni, 2006, S. 263 ff.). Um ein Verständnis für die unterschiedlichen Bereich zu erlangen, sollen diese nun nachfolgend grob erläutert werden. Die meisten der Methoden des Data Mining zum Finden von Mustern in Datenbanken stammen ursprünglich aus den Bereichen des maschinellen Lernens oder der Statistik (Petrak, 2015, S. 10).

1. Klassifikation:

Die Klassifikation von Daten und Datensätzen ist eine der populärsten Data-Mining Methoden in der Anwendung (Runkler, 2010, S. 85 ff.; Baars & Kemper, 2021, S. 128). Die Basis bilden vorab festgelegte Klassen. Ein Algorithmus fügt Objekte anhand seiner Merkmale zu diesen Klassen hinzu, sofern sie auf diese Klasse zutreffen. Damit ein Objekt einer Klasse zugeordnet werden kann, braucht es als Grundlage Datensätze, in der eine Zielgröße und ein Merkmal enthalten sind (Runkler, 2010, S. 85 ff.; Baars & Kemper, 2021, S. 128). Beispielsweise könnte für ein Modehaus ein Besucher der Online-Website das Objekt sein. Getestet wird eine neue Rabattaktion als Zielgröße und die Besucher werden klassifiziert als Käufer oder Nicht-Käufer, je nachdem welches Merkmal ihnen zugeschrieben wird, aufgrund ihres Handelns. Mit Hilfe der kumulierten Erkenntnisse über die Besucher kann das Modell trainiert werden und so zukünftig Voraussagen für weitere Objekte treffen. Demnach wird bei der Klassifikation von der Suche nach Mustern gesprochen, die auf Basis von Merkmalen für die Klassifikation durchgeführt wird (Runkler, 2010, S. 85 ff.; Baars & Kemper, 2021, S. 128).

2. Prognose:

Es ist das Ziel der Prognose „auf Basis der beobachteten Daten eine Vorhersage der Zeitreihen über mehrere Zeitschritte in die Zukunft zu produzieren" (Runkler, 2010, S. 81). Unter Hinzunahme von vergangenen Ursache-Wirkungszusammenhängen wird die Beziehung einer abhängigen Variable zu mehreren unabhängigen Variablen erklärt, um so Prognosen zu stetigen Werten zu generieren (Meyer, 2002, S. 193 ff.; Runkler, 2010, S. 81 ff.; Baars & Kemper, 2021, S. 128). Beispielsweise kann eine Modehauskette die Anzahl an Verkäufen, Kosten in Werbung und Eröffnung neuer Filialen als unabhängige Variablen herbeiziehen, um die Anzahl an Neukunden als abhängige Variable in Erfahrung zu bringen. Zeitliche Sequenzen von Daten spielen in der Prognose als Methodik somit im Data Mining eine große Rolle (Meyer, 2002, S. 193 ff.; Runkler, 2010, S. 81 ff.; Baars & Kemper, 2021, S. 128).

3. Clustering und Entdecken von Ausreißern:

Beim Clustering werden gesamte Mengen an Daten erfasst und in mehrere Cluster, beziehungsweise Teilmengen oder auch Segmente aufgeteilt (Baars & Kemper, 2021, S. 128). Das Ziel des Clusterings ist dabei eine heterogene Datenmenge anhand von Merkmalen in möglichst homogene Teilmengen zu unterteilen, was zur Folge hat, dass die unterschiedlichen Teilmengen eine hohe Heterogenität zueinander aufweisen. Objekte, die dabei in keine der aufgewiesenen Teilmengen eingeordnet werden können, werden als sogenannte Ausreißer bezeichnet. Um beim ursprünglichen Beispiel der

Neukunden zu bleiben, wäre ein Beispiel für das Clustering die Segmentierung der Neukunden in diverse Kundengruppen, wie etwa Altersgruppen oder Aufteilung nach Geschlecht (Baars & Kemper, 2021, S. 128).

4. Assoziations- und Sequenzanalyse:

Assoziations-, beziehungsweise Sequenzanalysen werden zur Entdeckung von Abhängigkeiten eingesetzt (Baars & Kemper, 2021, S. 128). Es ist demnach die Suche nach Mustern von Objekten oder Elementen, die zueinander in einer Abhängigkeit stehen, womit die Assoziationsregeln entdeckt werden, beziehungsweise die Menge an Abhängigkeiten zwischen den Objekten. Es handelt sich dabei um klassische Wenn-Dann-Regeln, die mit unterschiedlich hoher Wahrscheinlichkeit eintreffen werden. In der Praxis wird dieses Verfahren häufig bei der Analyse von Warenkörben angewandt, um mit Hilfe von Sequenzmustern Aussagen darüber treffen zu können, dass ein Kunde ein bestimmtes Produkt kauft, da er bereits ein ähnliches Produkt kaufte (Baars & Kemper, 2021, S. 128).

2.2.3 Algorithmen

Für die soeben vorgestellten Verfahren finden im Data Mining diverse Algorithmen, Methoden und Techniken Anwendung (Alpar & Niedereichholz, 2000, S. 5 ff.). Im Folgenden sollen für jedes Aufgabengebiet einige dieser Algorithmen genannt werden, während in Kapitel 3 noch einmal etwas anschaulicher auf mögliche Anwendungsfälle der Verfahren in der Praxis eingegangen werden soll (Runkler, 2010, S. 50 ff.; Cichosz, 2015):

- Klassifikation: Naive Bayes, Rule-Based, Support Vector Machine, Neural Network, Log-file Analyse
- Prognose: Lineare Regression, Polynominale Regression, Entscheidungsbäume, Neuronale Netzwerke
- Clustering und Entdecken von Ausreißern: K-Means, K-Medoids, Fuzzy c-Mean, hierarchische Cluster
- Assoziations- bzw. Sequenzanalyse: Apriori Algorithmus, Eclat Algorithmus, FP-growth

Die Entscheidung für ein jeweiliges Verfahren des Data Minings hängt dabei von der individuellen Aufgabenstellung, den Eigenschaften der Daten und der Art der Ergebnispräsentation ab (Cichosz, 2015). Die höchste Relevanz in der Praxis weisen dabei die lineare Regression, Entscheidungsbäume, weitere Regressionsanalysen und hierarchische Cluster auf (Baars & Kemper, 2021, S. 170 ff.).

2.2.4 Data Mining Lebenszyklus

Die größte Herausforderung liegt allerdings in der Einbindung des Data Mining in die Arbeitsabläufe der Unternehmen (Pistorius, 2020, S. 30). Der *Cross Industry Standard Process for Data Mining (CRISP-DM)* ist ein Prozessmodell mit sechs Phasen, das den Lebenszyklus von Data Science auf natürliche Weise beschreibt und bei der Integration von Data Mining unterstützen kann (Venter, de Waal & Willers, 2007, S. 303 ff.; Baars & Kemper, 2021, S. 153 ff.). Dieser funktioniert dabei als branchen- und softwareunabhängiger Standardprozessrahmen, der bei der Planung, Organisation und Umsetzung eines Data-Science-Projekts unterstützen kann. Das generische Prozessmodell bietet dabei eine simple Grundlage für die Entwicklung eines spezialisierten Prozessmodells, das die Schritte im Detail vorschreibt und dabei praktische Hinweise gibt (Wirth & Hipp, 2000, S. 1 ff.). Im Folgenden sollen die sechs Phasen des CRISP-DM grob beschrieben werden, um ein grundlegendes Verständnis des Rahmenmodells zu liefern (Data Science Process Alliance, 2021; vgl. Abbildung 2).

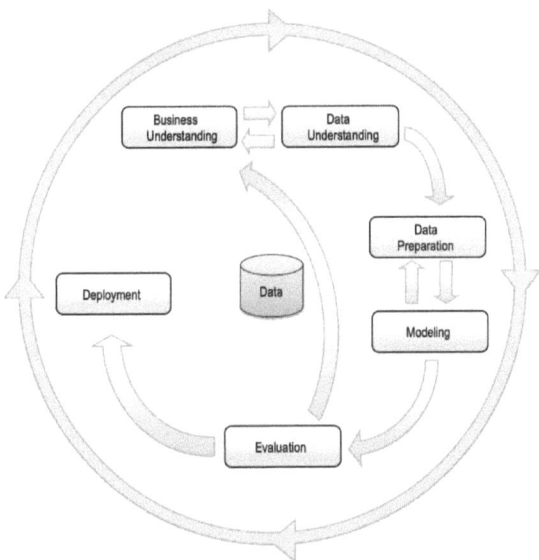

Abbildung 2: CRISP-DM (Chapman, Clinton, Kerber, Khabaza, Reinartz, Shearer & Wirth, 2000)

1) *Business Understanding*

In der ersten Phase *Business Understanding* geht es darum, die Ziele und Anforderungen des Projekts zu verstehen. Dies beinhaltet das Bestimmen von Geschäftszielen, Beurteilung der vorliegenden Ressourcen, Anforderungen, Risiken, Kosten und Nutzen, sowie das Bestimmen der Data-Mining-Ziele, was den Erfolg aus technischer Sicht umfasst (Data Science Process Alliance, 2021; Wirth & Hipp, 2000, S. 1 ff.; Baars & Kemper, 2021, S. 153 ff.). Abgeschlossen wird diese Phase schließlich mit der Erstellung eines Projektplans, in dem unter anderem Technologien und Tools festgelegt werden.

2) *Data Understanding*

Ist das Geschäftsverständnis geschaffen, beginnt das *Data Understanding*, welches den Schwerpunkt nun auf die Identifizierung, Sammlung und Analyse der Datensätze legt. In dieser Phase geht es um das Sammeln erster Daten, Beschreiben der Daten, Erforschen der Daten und Überprüfen der Datenqualität (Data Science Process Alliance, 2021; Wirth & Hipp, 2000, S. 1 ff.; Baars & Kemper, 2021, S. 153 ff.).

3) *Data Preparation*

In dritten Phase *Data Preparation* wird nun der endgültige Datensatz oder die Datensätze für die Modellierung vorbereitet, was grob zusammengefasst etwa fünf Aufgaben beinhaltet. Zunächst muss bestimmt werden, welche Datensätze verwendet werden sollen, um sie daraufhin zu bereinigen, indem beispielsweise fehlerhafte Werte korrigiert oder entfernt werden, um große Mengen an Datenmüll zu vermeiden. Daraufhin können Daten konstruiert und weitere Daten aus anderen Quellen integriert werden, ehe die Daten je nach Bedarf formatiert werden (Data Science Process Alliance, 2021; Wirth & Hipp, 2000, S. 1 ff.; Baars & Kemper, 2021, S. 153 ff.).

4) *Modeling*

Nachdem die Daten vorbereitet wurden, kann das *Modeling* beginnen. Hier müssen zunächst Modellierungstechniken ausgewählt werden, wie etwa die lineare Regression oder hierarchische Cluster, um daraufhin einen Testentwurf und schließlich das Modell erstellen zu können. Abschließend gilt es noch das Modell anhand von vordefinierten Erfolgskriterien und dem Testdesign zu bewerten, da in der Regel mehrere Modelle miteinander konkurrieren (Data Science Process Alliance, 2021; Wirth & Hipp, 2000, S. 1 ff.; Baars & Kemper, 2021, S. 153 ff.).

5) *Evaluation*

Während sich im *Modeling* die Aufgabe des Modellbewertens auf die Bewertung des technischen Modells fokussiert, befasst sich die Phase der *Evaluation* allgemeiner mit der Frage, welches Modell die Anforderungen des Unternehmens am besten erfüllt und was als nächstes zu tun ist. Diese Phase umfasst dabei die Aufgaben die Ergebnisse auszuwerten, die Prozesse zu überprüfen und die nächsten Schritte zu bestimmen (Data Science Process Alliance, 2021; Wirth & Hipp, 2000, S. 1 ff.; Baars & Kemper, 2021, S. 153 ff.).

6) *Deployment*

Ein Modell ist nur bedingt brauchbar, wenn der Kunde nicht auf seine Ergebnisse zugreifen kann, womit die Phase *Deployment* den Prozess abschließt. Sie beginnt mit der Einsatzplanung, bei der ein Plan für den Einsatz des Modells entwickelt und dokumentiert wird. Daraufhin gilt es einen gründlichen Überwachungs- und Wartungsplan zu entwickeln, um Probleme während der Betriebs- oder Nachprojektphase eines Modells zu vermeiden. Abschließend dokumentiert das Projektteam schließlich eine Zusammenfassung des Projekts in einem Abschlussbericht und führt einen Projektrückblick durch, um herauszufinden, was gut gelaufen ist, was hätte besser sein können und wie man sich in Zukunft verbessern kann (Data Science Process Alliance, 2021; Wirth & Hipp, 2000, S. 1 ff.; Baars & Kemper, 2021, S. 153 ff.).

Die Arbeit am Projekt ist damit noch nicht grundsätzlich beendet, da CRISP-DM als Projektrahmen nicht beschreibt, was nach dem Projekt zu tun ist. Zudem ist eine stetige Überwachung und gelegentliche Anpassung des Modells in den meisten Fällen erforderlich (Data Science Process Alliance, 2021; Wirth & Hipp, 2000, S. 1 ff.).

2.3 Anwendungsbeispiele

Aufgrund der Vielzahl an differenten und variablen Verfahren, die das Data Mining zu bieten hat, erschließen sich dementsprechend auch ebenso zahlreiche Anwendungsfälle, die der Kreativität schier keine Grenzen lassen. Erste Beispiele aus dem E-Commerce wurden bereits erwähnt, bei denen es vor allem um Prognosen zum Kundenverhalten, Cross-Selling oder Analysen von Warenkörben geht (Alpar & Niedereichholz, 2000, S. 5 ff.). Auch kann das Kaufverhalten analysiert werden, um Prognosen zum Bedarf zu erstellen, die wiederum Lager und Logistikoptimierungen zulassen. Marketingkampagnen können zielgerichtet und individuell auf Kunden zugeschnitten werden, während Preise optimiert und nach Saisonalität angepasst werden können (Alpar & Niedereichholz, 2000, S. 5 ff.). Neben dem E-Commerce sind vor allem auch Unternehmen an Analysen des Kundenverhaltens interessiert, deren Geschäftsmodelle auf Verträgen zwischen Kunde und Anbieter basieren. Hierzu gehören etwa Telekommunikationsanbieter, Banken oder Versicherungen, aber auch Medienunternehmen, die monatlich kündbare Verträge anbieten, zu denen beispielsweise Streaminganbieter wie *Netflix* oder *Spotify* zählen. In erster Linie liegt hier das Kündigungsverhalten, wie auch die Analyse der Kundenwünsche im Interesse der Unternehmen. Im Grunde lassen sich für Data Mining entlang der Wertschöpfungskette unzählige Use Cases finden, die von der Beschaffung und Lieferantenauswahl über die Produktion bis hin zur Distribution reichen, während ebenso im Personalwesen, CRM, Marketing oder der Forschung und Entwicklung großes Potenzial liegt (Alpar & Niedereichholz, 2000, S. 5 ff.). Um dem Umfang dieser Ausarbeitung gerecht zu werden, soll diese Aufzählung lediglich als Ausblick dienen und im Kapitel 3 durch einen konkreten Anwendungsfall ergänzt werden.

2.4 Zusammenfassung

Data Mining als Methodik zum Aufdecken von Mustern mittels Datenanalyse-Verfahren ist einzuordnen als moderner technologischer Fortschritt inmitten der Industrie 4.0. Eine allgemeingültige Definition für das Data Mining liegt nicht vor, doch lassen sich Eigenschaften und Voraussetzungen benennen, die von den Mustern abverlangt werden, die das Data Mining versucht aufzudecken. Sämtliche Aufgaben des Data Minings lassen sich dabei aufteilen in die grundlegenden Kategorien der Klassifikation, Prognose, Clustering und Assoziations- bzw. Sequenzanalysen. Dieser Kategorien können wiederum Algorithmen zugeordnet werden. Die ideale Nutzung des Data Mining würde erfolgen in Kombination mit dem Einsatz von Business Intelligence. Die wohl größte Herausforderung liegt jedoch in der Integration des Data Mining in die Arbeitsabläufe, bei welcher der Cross Industry Standard Process for Data Mining (CRISP-DM) Abhilfe schaffen kann. Dieser stellt ein Prozessmodell dar, welches sechs Phasen beinhaltet, dabei den Lebenszyklus von Data Science auf natürliche Weise beschreibt und so bei der Integration von Data Mining unterstützen kann. Die Anwendungsfälle für das Data Mining sind dabei so variabel und vielseitig wie die Verfahren des Data Mining selbst. Kapitel 3 gibt nun einen Einblick in konkrete Anwendungsfälle des Data Minings.

3 Konkreter Anwendungsfall

Wie in fast allen gesellschaftlichen, sozialen oder wirtschaftlichen Bereichen, haben sich auch in klinischen Datenbanken im Laufe der Zeit enorme Mengen an Informationen angesammelt, die sich im Kontext der Krankenhäuser in erster Linie auf Patienten und ihre Gesundheitszustände beziehen (Prather, Lobach, Goodwin, Hales, Hage & Hammond, 1997, S. 101 ff.). Während der technologische Fortschritt bereits computergestützte Datensoftware zur Erfassung dieser Daten hervorgebracht hat, bieten Werkzeuge zur Auswertung und Analyse dieser klinischen Daten weiterhin enormes Potenzial zur Verbesserung im Sinne der Nutzung (Prather et. al, 1997, S. 101 ff.). Inwiefern Data-Mining-Verfahren dabei in der Lage sind Krankenhäuser in unterschiedlichsten Disziplinen zu unterstützen, soll anhand dieses Praxisfalls dargestellt werden. Dem Fallbeispiel liegt dabei ein deutsches Allgemeinkrankenhaus zugrunde, welches etwa 500 Ärzte, Pflegekräfte und weitere Mitarbeiter beschäftigt und dabei etwa 250 Betten stellt.

3.1. Anwendungsgebiete

In den folgenden Abschnitten werden einige Beispiele genannt, wie das Krankenhaus Data-Mining-Verfahren in ihre Organisation integrieren kann, wobei die Möglichkeiten natürlich unbegrenzt sind und die Aufzählung somit keinen Anspruch auf Vollständigkeit hegt, sondern viel mehr als Anreiz dient.

3.1.1 Diagnosen

Grundsätzlich bietet Data Mining in der medizinischen Branche großes Potential für das Suchen und Finden bisher verborgener Muster in Datensätzen von Krankenhäusern und medizinischer Forschung (Wasan, Bhatnagar & Kaur, 2006, S. 119 ff.). Zum Beispiel können weitgestreute und heterogene Rohdaten in organisierter Form gesammelt und in das Krankenhausinformationssystem integriert werden, um dann erkannte Muster für klinische Diagnosen zu nutzen (Wasan et. al, 2006, S. 119 ff.). So sind beispielsweise Risikobewertungsinstrumente und -programme zur Frühgeburtenprävention häufig noch zu ungenau, womit Frühgeburten nach wie vor die häufigste Ursache für geringes Geburtsgewicht und die damit verbundene Morbidität und Mortalität sind (Prather et. al, 1997, S. 101 ff.). Unzulänglichkeiten in bisherigen Methoden sind darauf zurückzuführen, dass die Faktoren, die eine Frühgeburt verursachen, bisher nicht vollständig identifiziert werden können (Prather et. al, 1997, S. 101 ff.). Ein robusteres Modell unter Einsatz von Data Mining, das klinische Daten auswertet und auffällige Werte offenbart, hätte hier großes Potenzial zur besseren Erkennung von Frühgeburten beizutragen (Prather et. al, 1997, S. 101 ff.). Dieses sehr konkrete Beispiel soll zeigen, dass Data Mining zu einem besseren Verständnis von Zusammenhängen zwischen Beobachtungen und Ereignissen in unterschiedlichsten medizinischen Bereichen beitragen kann. So kann beispielsweise die explorative Faktoranalyse als statistisches Verfahren zur Datenauswertung herbeigezogen werden, um Unterschiede zwischen

Patientengruppen zu erklären (Prather et. al, 1997, S. 101 ff.). Diese Mining-Technik eignet sich für Forschungsprobleme, bei denen eine große Anzahl von Probanden in Bezug auf eine Reihe von Variablen verglichen wird, für die es keine Bestimmung von Unabhängigkeit oder Abhängigkeit gibt (Prather et. al, 1997, S. 101 ff.). Auch für das in diesem Praxisfall skizzierte Krankenhaus bietet dies die Möglichkeit, Felder zu identifizieren, auf denen das Erkennen auffälliger Werte aus Datensätzen zu schnelleren, besseren und vor allem präziseren Diagnosen führen kann. So waren Ärzte bisher beim Aufstellen der Diagnose oder Therapieplanung ausschließlich auf eigene Patientenbeobachtungen oder manuelle Datenauswertung wie etwa Röntgenbilder angewiesen, während nun computerbasierte medizintechnische Systeme unterstützen (Mikut, 2008, S. 3 ff.).

3.1.2 Ressourcenmanagement

Eine weitere typische Problemstellung in Krankenhäusern ist ein effizientes Ressourcenmanagement, welches sich nicht nur auf das Personal, sondern auch auf medizinische Geräte beziehen lässt (Schult, 2010, S. 54 ff.). In mittelgroßen Krankhäusern, wie auch in diesem Fallbeispiel, summieren sich die Anschaffungspreise medizinischer Geräte häufig auf mehrere Hunderttausend Euro als gebundenes Kapital (Schult, 2010, S. 54 ff.). Bei der Nutzung dieser Geräte durch das Pflegepersonal entsteht die Problematik, dass zunächst ein verfügbares Gerät gefunden werden muss, welches entweder an einem zentralen Abstellplatz, einem Lagerraum oder gar bei einem Patienten stehen kann (Schult, 2010, S. 54 ff.). Im schlimmsten Fall muss eine ganze Station abgesucht werden, was einen hohen Zeitaufwand bei ohnehin schon begrenzter Verfügbarkeit bedeutet. Die gleiche Problematik liegt auch für technisches Personal vor, das die Geräte im Jahresintervall warten muss (Schult, 2010, S. 54 ff.).

Da die Situation so intransparent und unüberschaubar gehalten wird, werden in der Regel zu viele Geräte unterschiedlicher Typen bereitgehalten als tatsächlich benötigt werden, was enorme Kosten für das Krankenhaus bedeutet (Schult, 2010, S. 54 ff.). Um hier eine Optimierung unter Einsatz von Data Mining zu ermöglichen, müssen die Geräte zunächst geortet werden, was durch eine Kopplung der Geräte an das WLAN-Netz des Krankenhauses erfolgen kann. So würde sich das zu überwachende Geräte in regelmäßigen Abständen über AccessPoints beim Server melden (Schult, 2010, S. 54 ff.). In einer Datenbank können die Lagepositionen der medizinischen Geräte schließlich gespeichert werden. Data Mining Techniken zur Log-File Analyse können somit dazu genutzt werden, die Daten der Geräte zu gruppieren. Auswertungen der Daten zu einzelnen Geräten in Kombination mit dem Nutzen von Informationen zu den Räumen führen somit zu Daten der Nutzung und Position einzelner Geräte in einem zeitlichen Verlauf (Madlberger, 2004, S. 231 ff.; Schult, 2010, S. 54 ff.). Wichtige Kennzahlen wie die Auslastung der Geräte, Ruhezeiten oder Reparaturzeiten lassen sich somit für jedes Geräte, jede Station und das gesamte Krankenhaus ermitteln (Madlberger, 2004, S. 231 ff.; Schult, 2010, S. 54 ff.).

Zusammengefasst analysiert das Krankenhaus Daten zu den medizinischen Geräten hinsichtlich ihrer Auslastung. Die unterschiedlichen Nutzungsgrade der einzelnen Stationen können schließlich klassifiziert werden, um unterscheiden zu können, welche Eigenschaften der Daten auf hohe und welche auf eine geringe Nutzung zurückzuführen sind (Schult, 2010, S. 54 ff.). Auch kann aus den Ergebnissen eine Prognose für den zukünftigen Bedarf an medizinischen Geräten für jede Station aufgestellt werden, um schließlich die Nutzung im gesamten Krankenhaus zu optimieren (Schult, 2010, S. 54 ff.).

3.1.3 Individuelle Anpassung medizinischer Geräte

Ein weiteres Anwendungsgebiet von Data Mining in der Medizin ist die individuelle Anpassung von Medizingeräten an die speziellen Bedürfnisse von Patienten, wie etwa spezielle Prothesen (Mikut, 2008, S. 3 ff.). Dies würde beginnen mit einer detaillierten Erfassung des aktuellen Zustandes des Patient sowie seiner Wünsche, um die individuelle Einstellung des Medizingeräts vornehmen zu können, ehe dann stetig der Zustand während des Gerätebetriebs, beziehungsweise der Nutzung erfasst und ausgewertet wird (Mikut, 2008, S. 3 ff.). Data-Mining-Verfahren können so mittels Sensoren Daten offenbaren, auf dessen Basis Optimierungen vorgenommen werden können, was grundsätzlich großes Innovationspotenzial birgt (Mikut, 2008, S. 3 ff.).

3.1.4 Personalmanagement

Neben dem Ressourcenmanagement bietet auch das Personalmanagement im Krankenhaus dieses skizzierten Anwendungsfalls großes Potenzial für den Einsatz von Informationstechnologie, beziehungsweise Data Mining Verfahren (Piazza, 2010, S. 3 ff.). Im Personalmanagement eignen sich dabei vor allem Entscheidungsbaumverfahren, neuronale Netze oder auch Clusteranalyseverfahren zur Optimierung (Piazza, 2010, S. 3 ff.). Erkenntnisziele, beziehungsweise Aufgabengebiete sind dabei recht different, beginnen bei der Unterstützung von Personalauswahlentscheidungen, gehen über explorative Analysen zum Kündigungsverhalten, Leistungserbringungen oder Lernverhalten und reichen gar bis zur Prognose der Akzeptanz von Abfindungszahlungen (Piazza, 2010, S. 3 ff.). Anwendung von Data Mining im

Personalmanagement kann grob in den Bereich der Human Resource Intelligence und Analytics (HRIA) eingeordnet werden, die „als methoden- und systemgestützte Auswertungen von HR-Datenbeständen zur Bereitstellung entscheidungsunterstützender Informationen des HR-Bereiches" (Strohmeier, 2015, S. 33) verstanden werden. Data Mining als mustererkennende Analyse kann dabei auf faktor- oder prozessorientierte Daten stattfinden (Strohmeier, 2015, S. 33 ff.). Die Identifikation von typischen Prädiktoren für Kündigungen seitens der Mitarbeiter wäre ein Beispiel für eine faktororientierte Mustererkennung, während die Identifikation von Prädiktoren für auffällig kurze oder lange Durchlaufzeiten von HR-Prozessen ein Beispiel für eine prozessorientierte Mustererkennung ist (Strohmeier, 2015, S. 33).

Angesichts der Vielfalt, die das Data Mining für das Krankenhaus dieses skizzierten Anwendungsfalls bietet, würde es den Rahmen dieser Ausarbeitung übersteigen alle dieser Beispiele explizit auszuführen, weshalb folgend nun eine Zeitreihenanalyse als konkretes Beispiel dargestellt werden soll. Neben der Klassifikationsbaumanalyse und der Clusteranalyse ist die Zeitreihenanalyse im Bereich der HR-Anwendungsbereiche vergleichsweise weiterverbreitet als andere Anwendungen (Strohmeier, 2015, S. 34). Die Zeitreihenanalyse ist ausgelegt auf das Erkennen von Mustern im Verlauf einer Reihe zeitpunktbezogener stetiger Daten, sogenannter Zeitreihen (Strohmeier, 2015, S. 34). Verlaufsmuster können dabei aus diversen Kombinationen von Trends, beziehungsweise grundsätzlichen Entwicklungen, periodischen Schwankungen und weiteren Phänomenen wie einmaligen Impulsen, Niveauverschiebungen oder Strukturbrüchen bestehen (Strohmeier, 2015, S. 34). Das in diesem Praxisfall skizzierte Krankenhaus könnte beispielsweise die stattfindende Mehrarbeit des Personals darstellen und für zukünftige Szenarien prognostizieren. Als Daten dienen in diesem Fall die Ist-Daten zur Mehrarbeit eines fiktiven Beispiels, dargestellt von Strohmeier (2015, S. 34; vgl. Abbildung 3). Kombiniert wurden Trend und Saisonalität, wobei die Daten aufzeigen, dass ein linearer Trend zu Mehrarbeit vorliegt mit einer regelmäßig wiederholenden Saisonalität, die ein Tief zum Beginn des Jahres und ein Hoch zum Ende des Jahres aufweist (Strohmeier, 2015, S. 34; vgl. Abbildung 3). Aus diesem Muster lässt sich nun eine Prognose für Verlaufsmuster der kommenden Jahre ableiten, die auf diesem Trend und der Saisonalität basiert. So kann die Zeitreihenanalyse die Planung des Personalmanagements zielgerichtet unterstützen, indem die gewonnenen Informationen genutzt werden, um mögliche Maßnahmen zur Reduktion der Mehrarbeit einzuleiten, welche etwa Neueinstellungen oder Zeitarbeit in den Hocharbeitsphasen sein könnten (Strohmeier, 2015, S. 34).

18

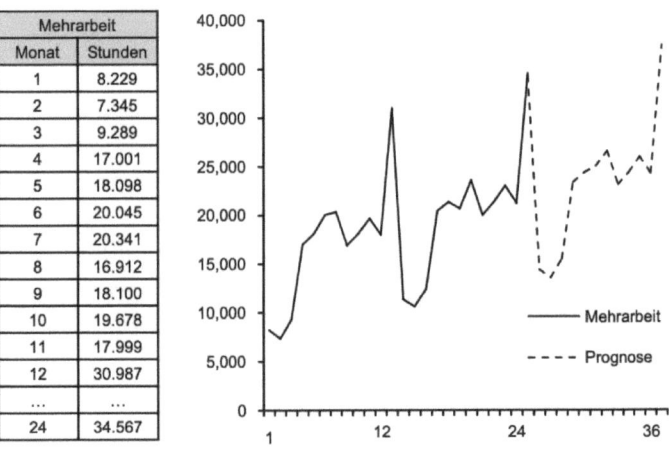

Mehrarbeit	
Monat	Stunden
1	8.229
2	7.345
3	9.289
4	17.001
5	18.098
6	20.045
7	20.341
8	16.912
9	18.100
10	19.678
11	17.999
12	30.987
...	...
24	34.567

Abbildung 3: Ist-Daten zur Mehrarbeit des Pflegepersonals in einem Krankenhaus als fiktives Beispiel (Strohmeier, 2015, S. 34)

3.2 Vor- und Nachteile der Nutzung für das Unternehmen

Im Folgenden sollen nun noch Vor- und Nachteile, beziehungsweise Potenziale wie auch Herausforderungen für das Krankenhaus aufgezeigt werden, die bei der Integration des Data Mining berücksichtigt werden sollten.

3.2.1 Potenziale des Data Mining

Die Methodik des Data Mining ermöglicht es Unternehmen wie auch dem Krankenhaus enorme Mengen an Daten zu interpretieren und dabei valide Informationen zu sammeln (Pistorius, 2020, S. 29). Die Auswertung klinischer Daten kann zur Entdeckung von Trends und Mustern führen, die bisher verborgen in den Datenbeständen liegen, womit das Verständnis von Krankheitsverläufen erheblich verbessert werden könnte (Prather et. al, 1997, S. 101 ff.). Zusammenhänge, Beziehungen und Muster können medizinisches Wissen liefern, genauere Diagnosen ermöglichen und so die Forschung zu Krankheiten signifikant verbessern. Insbesondere ist dadurch die zielgerichtete Validierung von Hypothesen möglich, womit datengestützte Argumente für Entscheidungen bereitgestellt werden können. Analysen des Zielmarktes oder spezifischer Trends lassen sich ebenfalls besser durchführen, während dabei Risikomodelle erstellt werden können, die zusätzliche Absicherung gewähren (Pistorius, 2020, S. 29). So kann das Management beispielsweise von zeitkritischen Informationen profitieren, erhält zudem mehr Transparenz über die spezifische Datenlage und kann so schnelle und effizientere Entscheidungen treffen.

Grundsätzlich bringt Data Mining für Unternehmen die Chance, bestehende Produkte und Dienstleistungen aufgrund der neugewonnenen Erkenntnisse zu optimieren und somit gar Wettbewerbsvorteile und erhöhte Innovationskraft zu erlangen. Produkt- und Dienstleistungsoptimierungen lassen sich dabei unter anderem auch auf Basis des besseren Kundenverständnisses durchführen, welches durch das Data Mining ermöglicht wird. Durch die neugewonnenen Informationen über Kunden, lassen sich die Bedürfnisse und Wünsche besser verstehen, Prognosen können erstellt werden und Angebot, wie auch Marketingaktionen können ideal auf die Kunden zugeschnitten werden, um langfristige Umsätze zu steigern (Pistorius, 2020, S. 29). Im besten Falle lassen sich diese Prognosen, die auf Trends, Kundenverhalten oder andere Disziplinen bezogen werden können, automatisieren, um den Data Mining Prozess effizient zu halten. Während die Produktoptimierung im Kontext der Gesundheitsbranche eher im Bereich der Medizintechnik oder des Pharmamarktes eine Rolle spielt, ist für Krankenhäuser besonders der Aspekt spannend, interne Geschäfts- und Betriebsprozesse gewinnbringend zu optimieren und dabei langfristige Kosten zu senken, zumal das Data Mining im Vergleich mit weiteren Anwendungen der Datenanalyse prinzipiell eine kostengünstige Lösung ist (Pistorius, 2020, S. 29). Wie das Beispiel des Personalmanagements aufzeigt, können Maßnahmen zur Reduktion von Mehrarbeit eingeleitet werden, während auch diverse andere Use Cases, wie etwa die Unterstützung von Personalauswahlentscheidungen, Untersuchungen zur Fluktuation oder Analysen zur Leistungserbringung vorstellbar sind. (Strohmeier, 2015, S. 34). So lassen sich durch die Anwendung von Data Mining ebenso Prozesse im Management innerhalb des Krankenhauses optimieren, wenn es darum geht medizinische Geräte und das Personal als entscheidende Ressourcen effizient einzusetzen, um langfristige Nachhaltigkeit und somit Kosteneinsparungen zu erlangen.

3.2.2 Herausforderungen des Data Mining

Inmitten des technologischen Fortschritts braucht selbstverständlich auch das Data Mining eine kritische Prüfung im Bezug auf mögliche Herausforderungen, die es bei der Einführung im Krankenhaus zu beachten gilt. So braucht es zunächst zwingend eine Prüfung des Use Cases, die verrät, inwiefern Data Mining gewinnbringend ist für die Unternehmensziele und ob diese Methodik generell zum Unternehmenskontext, beziehungsweise zur vorherrschenden Kultur passt. So birgt Unwissenheit oftmals die Konsequenz, dass solche Technologien von Mitarbeitern abgelehnt werden, da zu wenig

Aufklärung vorliegt (Kane, Palmer, Phillips, Kiron & Buckley, 2018, S. 10). Trainings und Schulungen wären hier ein erster Ansatz, um flächendeckende Akzeptanz innerhalb der eigenen Belegschaft zu schaffen, ehe Data Mining oder ähnlich fortschrittliche Methodiken in die Unternehmensprozesse integriert werden (Kane et al., 2018, S. 10). Sind die Ärzte und das Pflegefachpersonal mit der Methodik und den Zielen hinter der Technik vertraut, so wird auch die Integration in der alltäglich Arbeit besser gelingen.

Kommt es zur Integration, so braucht es selbstverständlich zunächst die korrekte Ausstattung, sprich große Datenbanken, welche in der Regel mit hohem Aufwand verwaltet werden müssen. Außerdem braucht es entsprechende Expertise innerhalb der zuständigen Abteilung, was passende Ausbildung bedeutet, um die Tools effektiv zu nutzen, da viele Datenanalysetools komplex und schwierig zu bedienen sind (Baars & Kemper, 2021, S. 259). „Trotz Fortschritten bei der Automatisierung und in der Benutzerführung setzen die meisten Analyseaufgaben […] weiterhin eine ausführliche, tiefe und fallspezifische Auseinandersetzung voraus – methodisch wie fachlich" (Baars & Kemper, 2021, S. 259). Der Umgang mit Ausreißern, die Arbeit mit Abhängigkeiten zwischen Attributen, die Beurteilung der Qualität, die Auswahl der Attribute oder die Aufbereitung der Daten sind allesamt Schritte im Gesamtprozess, die neben dem fachlichen Wissen ein grundlegendes Verständnis für Methoden, Gütemaße und statistischen Grundlagen voraussetzen (Baars & Kemper, 2021, S. 259). Je nach verwendeten Algorithmen arbeiten die unterschiedlichen Tools zudem mit diversen Varianten des Data Mining, weshalb es sehr entscheidend ist, dass sich die Data Scientists sehr sicher sein müssen in ihrer Auswahl der richtigen Tools (Baars & Kemper, 2021, S. 259). Trotz aller Vorkehrungen sind die Techniken des Data Mining natürlich nicht unfehlbar, weshalb immer die Gefahr nicht gänzlich korrekter Informationen besteht, insbesondere dann, wenn Datensätze keine große Vielfalt aufweisen können. Als abschließenden kritischen Punkt muss das Krankenhaus bei der Arbeit mit Data Mining auch Absicherungen hinsichtlich des Datenschutzes treffen, sofern die gewonnen Patientendaten an dritte Institutionen weitergegeben werden.

4 Fazit

Data Mining als Forschungsgebiet hat in den letzten Jahren aufgrund des vielseitigen Anwendungspotentials großes Interesse geweckt, insbesondere, wenn es darum geht, stetig größer werdende Datenmengen auszuwerten (Petrak, 2015, S. 9). Wie diese Ausarbeitung erahnen lässt, ist das Potenzial von Data Mining im Sinne seiner diversen unterschiedlichen Anwendungsmöglichkeiten enorm, zumal die Thematik des Big Data auch in Zukunft enorme Datenmengen produzieren wird, die es effizient auszuwerten gilt. Nur so können Unternehmen, ganz gleich welcher Branche oder Art, ihr volles Potenzial ausschöpfen und wirklich verstehen, was sich hinter ihren angesammelten Daten verbirgt. Ganz entscheidend ist dabei nicht wahllos Daten auszuwerten, sondern stets den Use Case und das dahinterliegende Geschäftsziel zu betrachten, für das die Daten ausgewertet und schließlich genutzt werden sollen. Data Mining ist dabei recht komplex und bedarf einer gewissen Expertise bei Implementierung und Nutzung, womit Unternehmen vor der Aufgabe stehen, die Fachkenntnisse in ihr Unternehmen zu integrieren, ob über neugeschaffene Stellen oder externe Beratungsleistungen. Wichtig ist zu verstehen, dass es diese Expertise braucht, um Daten zielgerichtet und strukturiert auswerten zu können. „We live in an expanding universe of data in which there is too much data and too little information" (Adriaans & Zantinge, 1996, S. 1 ff.), bezeichnen Adriaans und Zantinge bereits 1996 die Situation, womit noch einmal die Beständigkeit des Potenzials von Data Mining und dem Auswerten von Daten deutlich wird.

Literaturverzeichnis

Adriaans, P & Zantinge, D. (1996). *Data mining.* Reading: Addison-Wesley.

Alpar, P. & Niedereichholz, J. (2000). Einführung zu Data Mining. In P. Alpar & J. Niedereichholz (Hrsg.), *Data Mining im praktischen Einsatz: Verfahren und Anwendungsfälle für Marketing, Vertrieb, Controlling und Kundenunterstützung* (S. 1 – 27). Wiesbaden: Friedr. Vieweg & Sohn Verlagsgesellschaft mbH.

Baars, H. & Kemper, H. (2021). *Business Intelligence & Analytics - Grundlagen und praktische Anwendungen (4.).* Wiesbaden: Springer Verlag.

Beekmann, F. & Chamoni, P. (2006). Verfahren des Data Mining. In P. Chamoni & P. Gluchowski (Hrsg.), *Analytische Informationssysteme: Business Intelligence-Technologien und -Anwendungen* (S. 263 – 282). Wiesbaden: Springer Verlag.

Buhl, H., Moser, F., Heidemann, J. & Röglinger, M. (2013). Big Data: A fashionable topic with(out) sustainable relevance for research and practice? *Business & Information Systems Engineering, vol. 5(2),* S. 65 – 69.

Bundesministerium für Wirtschaft und Energie (2019). Was ist Industrie 4.0? Zugriff am 24.04.2021, Verfügbar unter https://www.plattform-i40.de/PI40/Navigation/DE/Industrie40/WasIndustrie40/was-ist-industrie-40.html

Chapman, P., Clinton, J., Kerber, R., Khabaza, T., Reinartz, T. Shearer, C. & Wirth, R. (2000). CRISP-DM 1.0: Step-by-Step Data Mining Guide. Copenhagen: SPSS Inc.

Cichosz, P. (2015). *Data Mining Algorithms: Explained Using R.* New Jersey: Wiley.

Data Science Process Alliance (2021). What is CRISP DM? Zugriff am 19.11.2021, Verfügbar unter https://www.datascience-pm.com/crisp-dm-2/

Ematinger, R. (2018). Von der Industrie 4.0 zum Geschäftsmodell 4.0. Wiesbaden: Springer Gabler.

Frawley, W., Piatetsky-Shapiro, G. & Matheus, C. (1991). Knowledge discovery in databases: An overview. *AI magazine, Volume 13 (3),* S. 1 – 27.

Godina, R., Ribeiro, I., Matos, F., Ferreira, T., Carvalho, H. & Peças, P. (2020). Impact Assessment of Additive Manufacturing on Sustainable Business Models in Industry 4.0 Context. *MDPI Sustainability, 12 (17).*

Gölzer, P. (2016). Big Data in Industrie 4.0: Eine strukturierte Aufarbeitung von Anforderungen, Anwendungsfällen und deren Umsetzung. Erlangen-Nürnberg: Technische Fakultät der Friedrich-Alexander-Universität.

Hellinger, A., Stumpf, V. & Kobsda, C. (2013). Umsetzungsempfehlungen für das Zukunftsprojekt Industrie 4.0: Abschlussbericht des Arbeitskreises Industrie 4.0. Frankfurt: acatech – Deutsche Akademie der Technikwissenschaften e.V. & Forschungsunion Wirtschaft – Wissenschaft.

International Data Corporation (2018). Prognose zum Volumen der jährlich generierten digitalen Datenmenge weltweit in den Jahren 2018 und 2025, zitiert nach de.statista.com, Zugriff am 19.11.2021, Verfügbar unter https://de.statista.com/statistik/daten/studie/267974/umfrage/prognose-zum-weltweit-generierten-datenvolumen/#professional

Kane, G., Palmer, D., Phillips, A., Kiron, D. & Buckley, N. (2018). Coming of Age Digitally. MIT Sloan Management Review.

Krishna, R. (2015). Big Data Search and Mining. In H. Mohanty, P. Bhuyan & D. Chenthati (Hrsg.), *Big Data: A Primer* (S. 93 – 120). Wiesbaden: Springer Verlag.

Madlberger, M. (2004). *Electronic Retailing: Marketinginstrumente und Marktforschung im Internet. Wiesbaden:* Deutscher Universitätsverlag.

Maschler, B., White, D. & Weyrich, M. (2020). Anwendungsfälle und Methoden der künstlichen Intelligenz in der anwendungsorientierten Forschung im Kontext von Industrie 4.0. In B. Vogel-Heuser, M. Hompel & T. Bauernhansl (Hrsg.), *Handbuch Industrie 4.0.* Berlin: Springer Verlag.

Meinhardt, S. & Popp, K. (2018). Digitale Geschäftsmodelle. HMD Praxis der Wirtschaftsinformatik, 55, S. 229 – 230.

Meyer, M. (2002). Einsatz von Klassifikation und Prognose im Web Mining. In H. Hippner, M. Merzenich & K. Wilde (Hrsg.), *Handbuch Web Mining im Marketing: Konzepte, Systeme, Fallstudien* (S. 193 – 218). Wiesbaden: Springer Verlag.

Mikut, R. (2008). Data Mining in der Medizin und Medizintechnik. Karlsruhe: Universtiätsverlag Karlsruhe.

Müller, R. & Lenz, H. (2013). Business Intelligence. Wiesbaden: Springer Verlag.

Naisbitt, J. (1986). *Megatrends: Ten New Directions Transforming our lives*. Paris: Time Warner Trade Publishing.

Oliff, H. & Liu, Y. (2017) Towards Industry 4.0 Utilizing Data-Mining Techniques: A Case Study on Quality Improvement. *Procedia CIRP, Volume 63*, S. 167 – 172.

Petrak, J. (2015). Data Mining: Methoden und Anwendungen. Wien: Österreichisches Forschungsinstitut für Artificial Intelligence (ÖFAI).

Piazza, F. (2010). *Data Mining im Personalmanagement: Eine Analyse des Einsatzpotenzials zur Entscheidungsunterstützung*. Wiesbaden: Springer Verlag.

Pistorius, J. (2020). *Industrie 4.0 – Schlüsseltechnologien für die Produktion: Grundlagen, Potenziale, Anwendungen*. Wiesbaden: Springer Verlag.

Prather, J., Lobach, D., Goodwin, L., Hales, J., Hage, M. & Hammond, W. (1997). Medical data mining: knowledge discovery in a clinical data warehouse. *AMIA Annu Symp Proc*. S. 101 – 105.

Runkler, T. (2010). *Data Mining: Methoden und Algorithmen intelligenter Datenanalyse*. Wiesbaden: Springer Verlag.

Schermann, M., Hemsen, H., Buchmüller, C., Bitter, T., Krcmar, H., Markl, V. & Hoeren, T. (2014). Big Data. *Business & Information Systems Engineering, vol. 6(5)*, S. 261 – 266.

Schult, R. (2010). Data Mining für das Ressourcenmanagement im Krankenhaus. *Forschungskolloquium Business Intelligence*, S. 54 – 60.

Statista Digital Economy Compass 2019 (2019). So viel Speicherplatz verbraucht das Zettabyte-Zeitalter, zitiert nach de.statista.com, Zugriff am 20.11.2021, Verfügbar unter https://de.statista.com/infografik/17739/speicherplatz-bedarf-im-zettabyte-zeitalter/

Strohmeier, S. (2015). Analysen der Human Resource Intelligence und Analytics. In S. Strohmeier & F. Piazza (Hrsg.), *Human Resource Intelligence und Analytics: Grundlagen, Anbieter, Erfahrungen und Trends*. Wiesbaden: Springer Verlag.

Venter, J., de Waal, A. & Willers, C. (2007). Specializing CRISP-DM for evidence mining. *IFIP International Federation for Information Processing, Volume 242*, S. 303 – 315.

Wasan, S., Bhatnagar, V. & Kaur, H. (2006). The impact of data mining techniques on medical diagnostics. *Data Science Journal, vol. 5*, S. 119 – 126.

Weber, M. (2014). Big-Data-Technologien – Wissen für Entscheider. Berlin: BITKOM Bundesverband Informationswirtschaft, Telekommunikation und neue Medien e.V.

Wirth, R. & Hipp, J. (2000). Crisp-dm: towards a standard process modell for data mining. Tübingen: University of Tübingen.